Wilhelm Wieben

Mien plattdüütsch Wiehnachtsbook

Verlag Boyens & Co.

Die Fotos in diesem Band sind von Günter Pump.
Sie zeigen Wilhelm Wieben, umgeben von ländlichem Milieu und winterlichem Hausrat, im Altonaer Museum (Norddeutsches Museum). Dem Direktor Prof. Kaufmann und seinen Mitarbeiterinnen und Mitarbeitern sei für die freundliche Unterstützung gedankt.

3. Auflage 1997

ISBN 3-8042-0632-8

Fotos, Typographie und Umschlaggestaltung Günter Pump

Herstellung:
Westholsteinische Verlagsdruckerei Boyens GmbH & Co. KG, Heide
Printed in Germany

Inhalt

Christmaand 9

Ferdinand Zacchi
Dat Jahr 11

Paul Behlau
Pulle sien Wiehnachten 13

Otto Tenne
Wiehnachten 17

Fritz Specht
De Dannenboom 19

Rudolf Kinau
Een van de Hirten 21
Över't is 27
De brune Schimmel 36
De lütt Dannboom 43
Nix as dütt! 50

Hinrich Kruse
He kunn de Tiet nich aftöven 52
Tuskulum 56

Johann Beyer
Sünnerklaas 62

Klaus Groth
Riemels 63
De lütte Deern 64

Luise Ortlieb
Wi schenkt uns nix! 65

Gudrun Münster
Peperkookenfroo un Peperkookenmann 67

Klaus Groth
De Snee 70

J. Tauler/A. Lunow
Dor kümmt en Schipp 72

Ivo Braak
De hilligen dree König in de Stadt 73

Elisabeth Meyer-Runge
Wenn dat Jahr to Enn geiht ... 79

Schöne Festdaag 81
Mien Kinner 82

Hermann Claudius
Wihnachen 84

Klaus Groth
Dat Dörp in Snee 85
Wihnachnabnd 86
Lüttje levt noch 88
Ton Schluß 89

Lukas/Dieter Baden
De Wiehnachtsgeschicht 91

Christmaand

Gröne Wiehnachten
witte Ostern.

Wiehnachsdag in Snee,
Maidag in Klee.

Dezember kold mit Snee,
gifft Korn in jede Höh.

Steiht de Krei to Wiehnachten
in'n Klee,

dann steiht se Ostern
in'n Snee.

Dat Jahr

Nu brennt dat sachen dal, dat ole Jahr. Vör twölv Maanden hebbt wi dat witte Licht ansteken, hebbt mit grote Ogen henkeken, wo't anfung to lüchten, hebbt uns hoegt över den niegen Schien.

Nu brennt dat sachen dal. Dar sackt en Stremel Tiet weg, de nümmer werrer kümmt. De Ewigkeit steiht groot un düster achter uns un vör uns. Laat uns nu man vergnöögt en nieges Licht ansteken, dat wi den Weg sehn koent, de vör uns liggt.

Ansteken koent wi Minschen dat Licht ja, aber dat Licht sülvst gifft uns de Herrgott, un wi moet dat so nehmen, as dat is, – mag't hell brennen, mag't swälen un flackerig sien.

Ach, dar is soveel Wind in de Welt, de uns dat Licht nich günnt! Laat uns de Hänn' dar över holen, wenn he uns den warmen Schien utpusten woelt. Laat uns den Herrgott üm en godes, reines un helles Licht beden för dat tokamen Jahr. Twölf lange Maanden stellt he dar vör uns hen, un wi moet dat Licht nützen. Jedesmal kann't dat letzte sien, wat uns schenkt is.

Mit de Jahren brennt uns' Leben dal. Un dat gifft mennigeenen, de sitt tiedlebens in'n Düstern, de weet sien Licht gar nich en beten to „sneuzen", dat't heller schient, gar nich en beten höger to stellen, dat de Schien grötter ward. De Herrgott hett uns doch alltomal so'n feine Dochtscheer geben: de Tofredenheit. Aver veel Lüüd smiet' düsse Dochtscheer weg oder laat se verrosten – un wunnert sik denn, wenn se'n ol swälig, stickig un flackerig Jahr kriegt.

Dar laat uns an denken! Denn ward dat ok en glücklich un gottsgnadig Jahr!

Pulle sien Wiehnachten

De Geschicht vun Pulle un sienen Wiehnachtsboom fangt merden in'n Sommer an, buten in de Heid. Dat weer en Dag vull Sünnenschien un Blomen un Grashüppersang. Do strööp Pulle dörch den lütten Dannenslag. Wat he dar wull, dat wüß he sölben nich. Dat weer ja woll de Sommerwind, de em dreven harr. As he dor so stapp un steeg, stünn mit'nmal en lütte fiene Deern vör em, so en ut de Stadt; se harr en witt Kleed an un seh ut as en Engel in't Billerbook. „Ooooh!" röp Pulle. „Ooooh!" rööp de lütte Deern. Beid weren so verbaast, dat se anners nix to seggen wüssen. Up't letzt meen Pulle aver, dat he sik en beten upspelen müß. „Wat maakst du hier denn? Düt sünd uns' Dannen. De schöllt to Wiehnachten na de Stadt." Do dreih de lütt Deern sik üm un wull weggahn. „Du kannst aver geern hierblieven und allens ankieken. Ik weet hier Bescheed. Dat hier is Farnkruut; kannst schöön in Versteek spelen. – Dat is Braambusch; dar warrt Bessens ut maakt. – Un düt hier, dat is en Kaninkenlock. Dar sünd welk binnen." Ja, Pulle wüß good Bescheed up sien Flach. Na, und dat se sik goot lieden kunnen, de beiden, dat bruuk ik ja woll nich to vertellen. As de frömde Deern na en Stoot vun irgendwoher ropen worr, weer dat so wiet to, dat Pulle ehr to Wiehnachten enen Boom verspraken harr. Den schull se sik in de Stadt bi em afhalen. „Ik söök die ok den besten ut!"

– So, un nu weer't kort vör Wiehnachten. De Straten in de Stadt glinstern vun Licht; mit Paketen vullpackt dreven de Minschen na Huus. Dannenbööm överall. Dat seh steedwies so ut, as weer de Woold in de Stadt rinspazeert un harr sik nu wedder reeglang upstellt. Merden up eenen groten Platz, wo söben Straten up tolöpen, harr Pulle sienen Stand, dat heet, sien Vadder harr em. De müß ok de Bööm verköpen un dat Snacken doon. Pulle stapp dar man so rüm as de Baas, harr de Hannen in de Taschen un keek in de söben Straten rin. Mal stell sien Vadder sik bi em hen. „Na, Jung, wat kickst du denn ümmer?" Pulle verjaag sick. Dat sien Vadder ok noch dar weer, dor harr he al gar nich mehr an dacht. In sienen Kopp spöök wat anners rüm. „Och, ik kiek man so, Vadder", see he. „Na, denn kiek man wieder; warrst ok schöön warm vun." As de Ool dat see, kneep he een Oog to un keek mit dat anner den lütten Pulle so swienplietsch an: „Dienen Boom mutt ik ok woll noch verköpen. De bring noch en goot Stück Geld." Do keem Pulle aver in't Enn. „Geiht nich – warrt afhallt!" Arig kralle Ogen kreeg de Lütt. „Na, denn man to." Pulle sien Vadder dreih sik um un lach. Un Pulle stünn wedder un keek sik rein de Ogen ut. De Wind puuß em üm de Ohren, dat he de Pudelmütz noch wat deper trock. Schöön weer't nich, in so'n grote Stadt to luern. Aver de lütt Deern keem un keem nich. Un de Daag güngen so gau hen. Un mit'nmal weer de Wiehnachtsdag dar. De Dannenbööm weren verköfft. Man Pulle sien Boom, de stünn dar noch. Un Vadder plink wedder mit de Ogen. „Na, Jung, wat nu?" – „Se kümmt. Dat hett se sölben seggt." – „So, so! Enen Ogenplink wöllt wi denn man noch töven." Ja, Pulle sien Vadder wüß, worüm he noch enen Ogenplink töven wull. Up de anner Siet weer en Kroog; dar stüer he up to, noch enen Grog to drinken.

So, nu stünn Pulle alleen up den groten Platz; jüst so alleen as sien Boom, un allens weer so frömd, un de Wind feeg koolt üm sien Nees. Nee, schöön weer't nich in de grote Stadt. Bi Moder tohuus, wo de Knassen in den groten Aben bullert un Braatappeln smoort, dar weer dat veel beter. Do steeg Pulle de Hitten to Kopp. Lagen haar de Deern, harr em för'n Narrn hatt, ja! Un fuchtig smeet he den Boom üm. Jüst wull he dar ok noch mit de Fööt up dal – so weer he in Fahrt – do seh he dar so'n lütte Deern. De nehm enen Twieg up, de dar noch so rümleeg. „He, du, liggen laten!" schreeg he de Lütte an. Oh, he harr ehr den Dannenboom üm de Ohren hauen kunnt! De Deern weer heel verbaast. As en Deef, so stünn se vör Pulle. Se see gar nix un leet den Twieg fallen. Dann güng se weg. Do worr he gewahr, dat de Deern man heel schraag antrocken weer un gar kenen Mantel harr – un dat bi disse Küll! Dat dee em in de Bost weh. „He, du", reep he ehr na. Se kreeg dat mit de Angst un füng an to lopen. Man, Pulle harr eer al tofaat. „Wullt du den Boom hebben?" De Lütt maak grote Ogen. „Nehm hen, man to!" – „Den ganzen Boom?" – „Dar hest em!" Pulle drück ehr den Boom in'ne Hand. „So mußt em anfaten, so!" – „Schönen Dank ok!" rööp de Deern, un denn lööp se dwars över den Platz in een vun de söben Straten rin. – Dat duer nich lang, so keem Vadder vun den Kroog torüch. He dudel en Leed vör sik hen un smuustergrien. 't weer arig to marken, dat de Grog em upwarmt harr. „Wat", see he, „hett se den Boom doch noch afhaalt?" – „Ja, Vadder, dar achter löppt se noch." Vadder maak den Hals lang. Sehn hett he aver nix. Do güng rundüm in de grote Stadt un in de Schaufinstern dat Licht up. Un dat weer, as wenn dat Licht sik in Pulle sien Ogen fungen harr.

Wiehnachten

Allümbi is Freden
hillig as en Droom,
Achter jedeen Finster
brennt de Lichterboom.

Kinnersang weiht liesen
vun den Naver her,
klingt, as wenn keen Muer
un keen Steen mehr weer.

Sachten röppt dat Wunner,
maakt mi fraam un goot,
un min Hart mutt singen ,
as de Kinner dot.

De Dannenboom

De Dübel hett den Herrgott ümmer beden hatt, he wull ook mal eenen Dag wat to seggen hebben in de Welt. Toletzt hett uns' Herrgott seggt, wenn keen Blatt mehr an de Böm is, denn kann de Dübel mal dat Seggen kriegen.

Do freit de Dübel sick ja un jagt mit Storm un Ies öber de Er'. Dat duert nich lang, do sitt dor keen Blatt mehr an de Böm, blots de Dann, de hett ehr Bläder fastholen. De Dübel denkt, de kamt dor ook noch dal, un geiht ümmer düller tokehr, aber dat helpt em nicks, de Dann hölt fast. Do ward de Dübel bös un will de Bläder mit de Hannen afrieten. De Dann hett domols noch grad so'n Bläder hatt as de annern Böm ook, un as de Dübel nu dabie is un ehr afrieten will – he hett ja Krallen an de Fingern hatt – ritt he de Bläder 'twei, aber afkriegen kann he ehr nich. De Dann hatt dat nich wullt, wat de Dübel dat Seggen kriggt. Toletzt hett de Dübel dat nahgeben.

Vun de Tiet an sünd de Bläder vun de Dann striepig, dat kümmt vun den Dübel sien Krallen;

dor hett de Dann de Nadels vun. Uns' Herrgott hett sick dor to freit (to de Dann) un hett seggt, de Dann schal de Wiehnachtsboom wesen un schall in de Stuv stahn, wenn dat buten kolt is.

(Ostholstein)

Een van de Hirten

Wat wür dat för 'n Leben – bi uns in de Klaß – vierteihn Dog vör 't Fest, as uns' Schoolmester seggen dä, wi wulln dütt Joahr ook wedder 'n lütte feine Wiehnachtsfier moken – in 'n Sool up de Bühne! Un wat wür dat för 'n Freid, as he uns dat all utnannerpuhln dä, wat jeeder van uns to doon un to liehrn un to snacken harr!

Ick wür jo am leefsten de „Josef" wesen, denn Josef bruk bi dat ganze Spill goarnix to seggen. Josef schull blooß jümmer still in de Eck stohn, un schull „Maria" ankieken. Un uns' Maria – dat wür den Schoolmester sien eegen lütt Liesbeth, – un de wür würklich dat Ankieken wiert.

Ober uns' Schoolmester wull doar ne up bieten. För Josef wür ick em to lütt, säh he, – dat schull leeber een van de grooten Konfermandten speln. Un för de hilligen dree Keunige harr he ook al dree annere. Ick schull man leeber mit bi de „Hirten auf dem Felde" gohn! Teihn Stück bruk he doarvan. Un de harr he denn jo ook licht up 'n Dutt.

Oh, un nu güng dat Liehrn un dat Upseggen

loos. Wi stünden nu all so in de Reeh bi'n Schoolmester vör 't Pult, un jeeder harr sien'n Zettel in de Hand, un les' sien Tex hindol – so good as he 't kunn.

Hinnik Gohd wür de ierste van de Hirten: „Wir lagen unterm Sternenzelt auf freier Flur, auf kahlem Feld!" Denn käm Hannes Joonas: „Und sprachen von der Menschen Not, und von der Sünde und vom Tod!" – Denn käm Jakob Mees: „Und beteten zu Gott, dem Herrn. – Da plötzlich kam ein heller Stern!"

Un so güng dat wieder, jümmer een achter 'n annern, – van den Engel un van sien Roopen: „Fürchtet euch nicht!" – Un: „Friede auf Erden – un Wohlgefallen!" – Un ick wür de letzte in de lange Reeh, un harr den besten Spruch: „Und Gottes Stern mit seinem Schein – führt uns in diesen Stall hinein!"

Un denn schulln all de Dierns van de ganze School ierstmol singen: „Ihr Kinderlein kommet, oh kommet doch all!" Un denn schulln de dree „Weisen aus dem Morgenland" kommen.

Oh Junge, wat harrn wi dat all hild! Un wat hebbt wi dat gau liehrt. Den drütten Dag wüß al jeeder van uns den ganzen Krom butenkupps.

Oach, un nu güng jo dat Verkleeden loos. Josef kreeg 'n feinen griesen Boart – mit 'n Gummiband achter de Uhrn. Maria kreeg 'n grooten runden

Hilligenschien, – dat wür de Rand van den Schoolmester sien'n ooln Stroohoot – mit Sülberbronze anmolt. – Un wi Hirten schulln uns all 'n oole griese Jack besorgen, un 'n deftigen „Hirtenstab", meist mol so lang as wi sülben, un boben denn so krumm üm de Eck.

De Jack kreeg ick van mien Mudder, de harr noch son ool Dings hangen, – Mudder müß blooß noch 'n Handbreet van de Arms afsnieden, un twee Kneup anneihn. Un in de Tied harr Vadder mien'n Hirtenstab ook al kloar, he harr Korl-Unkel sien'n Guddndagstock mit 'n ooln Bessenstel tohooplascht. – Noa, un nu kunn dat Spill denn jo loosgohn.

Un endlich wür 't denn ook sowied. De Sool wür bit no achtern hin vull Kinner un Lüd. Un wi stünden al 'n halbe Stünden vörher mit uns' dicken Jacken achter den Vörhang up de Bühne, un pedden van een'n Foot up'n annern. Recht in 't Middel up de Bühne stünd de Krüpp mit 'n groote Popp in. Un blangen de Krüpp seet Maria mit ehrn Hilligenschien. Un Josef stünd in de Eck un keek ehr al jümmer an.

Un denn upmol segt de Schoolmester twüschen de Kulissen sinnig: „Aufpassen! Ich zähle bis drei: – – Eins, – zwei, – drei! – – Jetzt!" Un denn geiht de Vörhang utnanner.

Un Hinnik Gohd mokt 'n lütten Diener un

fangt an to rappeln: „Wir lagen unterm Sternenzelt – auf freier Flur, auf kahlem Feld!“ – Un denn kummt Hannes Joonas: „Und sprachen von der Menschen Not – und von der Sünde und vom Tod!“ – Un so geiht dat nu wieder – bit no den tweetletzten van de Hirten, – un de verrappelt sick, un nimmt mitmol mien’n Text: „Un Gottes Stern mit seinem Schein – führt uns in diesen Stall hinein!“

Un nu weet ick jo goar ne, wat ick moken schall. Ick kann dat sülbige doch ne noch mol wedder seggen. Un as ick no unsen Schoolmester hinschuln do, do winkt de af: ick schall still wesen un schall mien’n Mund hooln! Un ick dink, ick schall weggohn, – un dreih mi sinnig no achtern ut de Dör rut.

Un nu fangt ook al jüst de Dierns an to singen: „Ihr Kinderlein kommet, oh kommet doch all!“ Un denn geiht dat Spill wieder – mit de dree Weisen ut ’n Oosten, un mit allns, wat doar so tohört. Mol ward wat upsegt, un mol ward wat sungen.

Un ick stoh doar een ganze Stünden achter de oole muffige Bühne, un bün al jümmer dicht vör ’t Brülln, un dink alle Oogenblick: „He hett jo de ganze Schuld, de Schoolmester! Harr mi jo man „Josef“ wesen loten kunnt! Wenn ick doch ne mit an ’n Törn kommen doo –?!“

Dat würn feine Wiehnachtsfier wesen, hebbt de

Lüd noheer all segt, – un dat harr ook al bannig scheun klappt. Ook de „Hirten vom Felde“ würn so echt wesen, as man wat. De een van jüm wür sogar gliek wedder ut de Achterdör rutgohn, – de harr denn woll doch leeber up sien Schop passen wullt.

Carsten Bukk Barber Bukks

Öber 't Is

„Oostern ward mit 'n „O" schreben, denn dat kummt ut 'n Ostn, morgens mit de Sünn", sä Vadder mol to uns. „Ober Wihnachten ward mit 'n „W" schreben un kummt ut 'n Westen, obends wenn 't schummerig ward."

„Denn müßt dat jo hier bi uns öber de Elf kommen", meen uns' Hein, „doar so van Oolland her."

„Deit dat ok", sä Vadder, „Wihnachten kummt jümmer van Oolland her öber de Elf, un kummt bi 'n Neßbuern öber de Wisch, un kummt den Sommerdiek langs, un geiht denn hier so wieder – jümmer van een Hus no 't anner, van Dör to Dör."

Uns' Hein grien un schüttel mit 'n Kopp. Un ick wull dat ook noch ne recht gläuben: „Kummt dat denn mit 'n Boot oder mit 'n Kohn anschippert, Vadder?"

„Wenn de Elf noch free is un hett noch keen Is, jo, denn kummt dat mit 'n Boot."

„Un wenn de Elf vull Is is, – so as nu, – un allns is dick vull Snee, –?"

„Denn kummt dat to Foot öber 't Is."

„Kann ick dat seehn, Vadder?“

Vadder tucks mit de Schullern: „Seehn woll jüst ne, – ober feuhln un marken kannst dat gewiß. Wenn du man to rechten Tied doar bist, un büst 'n beeten scheun still, –“

„Wöllt wi vannomeddag mol hin, Vadder, – un wöllt mol uppassen, wenn dat – – wenn Wihnachten kummt?“

„Jo, mientwegen! Lot uns man mol hingohn! Wenn 't ne goar to koolt is, un is sichtige Luft, –!“

Nohmeddogs halbig vier güngen wi loos, Vadder un Hein un ick. Vadder wull leeber mit mi alleen loos, un wull Hein noch wedder ümsnacken: He schull man bihus blieben, he wü jo doch al fix groot un wür 'n poar Joahr öller als ick, – he kunn uns' Mudder doch al scheun 'n beeten hilpen, un denn kunn he sien groot Winachtsgedicht ook noch mol öberliehrn. Ober Hein sä: Dat Gedicht seet, van vörn un van achtern, un van buten un van binnen, doar bruk he nix mehr an to timmern. Un Mudder wull em ook ne in 'n Hus' hebben. „Nehm em man leeber mit!“ sä se to Vadder. „An's lüstert un luert he hier doch bloß jümmer wat rüm. – – Ji möt ober – wenn 't schummerig ward, möt ji wedder no Hus kommen!“

„Jo, Mudder, – wi sünd to rechten Tied wedder an 'n Loden.“

Wi güngen all dree – een achter 'n annern – as

Hannes Stiehr sien Katten, – erst Hein, denn ick, denn Vadder. Un güngen den Diek hindol, un up 'n Sommerdiek langs, un denn öber de groote Wisch weg – bit an de Elf. De Luft wür dick un diesig, ohne Wind un ohne Wulken. Un dat wür jümmer so sinnig an 't Sneen, allns wür week und witt, de Bäum un de Büsch un dat Gras – dat wür all als Zucker.

Hein wull uns all Näslang noch wat wiesen, un wull uns wat vertelln, ober Vadder sä blooß jümmer: „Hein, wes' still! Dat geiht up Wihnachenobend. De Kujees is al ünnerwegens!"

Un nu stünden wi an de Elf, an de groot Bucht twüschen Swiensand un Oolland un Finkwarder, dusend Meeter breet un ganz vull Is, – dat stünd al 'n halbe Wek, un heul ook al, wür ober bannig knupperig, un harr 'n barg hooge Puckels un ook noch allerhand Woken un slechte Städen.

„Wöllt wi rup, Vadder? Un mol gau 'n Stück up langs?"

„Ne, Hein, – wöllt ne ierst rupp, – wöllt hier stohn blieben un teuben."

„Up wat denn, Vadder? – Wat schull hier denn woll kommen? Hier ist doch – – –"

„Hein, wes' still! An's ward doar nix van. – Wenn du dien'n Jipp ne hooln wullt, denn – – denn könt wi man gliek wedder no Hus gohn.

„Ne, Vadder", sä ick „wi blieft hier!" Un nu

harr ick mien'n Vadder fast bi de Hand tofot, un wi stünden beid un keeken, – keeken jümmer stief no Oolland: Wihnachten kummt ut 'n Westen!

„Ick gläuf, wat ick gläuf", sä Vadder. „Ick meen, dat ward al 'n beeten hiller – doar bi de hoogen Pöppeln, eben achter de Est, – dat i – –"

„Dat is villicht de Sünn", sä Hein. „Güstern üm düsse Tied, – ick wür jüst doar achter an 'n Westerdiek, – do käm se –"

„Hein, wes' still! Un gef dien Preestern up! – Dat geiht up Wihnachtenobend! – – De leebe Gott – – un de Kujes – –!"

Vadder säh nix mehr, ober he stünd as 'n Boom un keek no boben. Dat Sneen wür mitmol all, un dat wür rein – as wenn de ganze Wilt rundüm de Luft anheul, un luer, – luer mit uns up Wihnachten, up dat groote Wunner, – – –

De hille Plack an 'n Heben – bi de hoogen Pöppeln eben achter de Est – wörd jümmer gröter un jümmer breeder, as wenn doar boben – ganz wied weg – 'n groote Dör open güng. Un nun füngen mitmol – in Neefild un in Estbrügg – füngen mitmol de Klocken an to lüden: "Bim–bum! Bim–bum!" Un lüden jümmer vuller un jümmer duller: „Bim-bum! Bim–bum!" Un lüden mit jemehr Klingen un Singen de griede graue Wand in Grus un Mus, un smeeten de Stücken an 't Siet. Un denn – – denn stünd doar miteens dat gröttste un dat beste Licht wat wi hebbt: uns' Sünn. – uns' groote feine Obendsünn, – stünd doar so – twee Finger breet boben Oolland, un schien uns liek in't Gesicht, un smeet ehr Strohlen mit luder Flimmern un Funkeln un Glitzern up 't Is, un up den witten weeken Snee.

„Wihnachten –!" sä Vadder sinnig. „In Oolland is 't Wihnachten. – – – Nu ward 't woll ook bald hier no uns röber kommen. - – Möt nu mol ganz still wesen, un uppassen!"

Un he harr dat man eben erst utsegt, do käm doar wat anloopen, van 'n West her, – –ick wüß sülben ne, wt ick dat feuhln oder hören kunn, – dat wär son Oart Klingen un son Rummeln un Bebern togliek, un dat leep hin un her över de ganze Elf, un käm jümmer wat neuger, – –

„Kannst dat hörn, Vadder?" sä Hein. „Dat is jüst wedder Floot. Dat Woter kummt ünner 't Is, un böhrt den ganzen Krom hoch."

„Hein, wes' still!" Vadder stünd noch 'n Oogenblick un keek, un denn beug he sick sinnig no mi dol: „Weeß, wat dat is, – dat Klingen un dat Knacken? – Dee leebe Gott legt noch gau 'n par dicke Balkens ünner 't Is langs, dat de Krom ook richtig hullt. Wihnachten kummt över de Elf! – Doar! Hest hört eben? – Un doar nu wedder! Un doar!"

Jo, nu käm 't van all de Sieten, un käm recht up

uns to: Dat Klingen un dat Licht un de Klocken un de Freid. Un denn mitmol richt Vadder sick wedder up un wies mit 'n Arm: „Kiek! Un doar! Wat kummt doar? – Doar kummt de Kujees! Kummt ook van Oolland her, to Foot öber 't Is, un will hier öber 'n „hoogen Ourt". – Denn möt wi man gau seehn, dat wi no Hus kommt!"

„De Kujees, Vadder? Wonem? Wonem is her?" Ick wür ganz hiddelig, ober ick kunn em ne finden.

„Ach", meen Hein, „dat is woll – – dat is woll he, de anner, – wat heet he man noch?"

„Hein, wes' still!" Vadder nähm mi gau mol up 'n Arm un wies wedder mit de Hand. Jo, door käm de Kujees, de Wihnachtsmann, – käm to Foot öber 't Is, – haar 'n grooten Sack up 'n Puckel, un harr Kneestebeln an, un haar 'n wulln Mütz up 'n Kopp, un haar 'n griesen Boart, – un käm so schräg – –

„Wenn dat man ne de ool Jakob Derner is", meen Hein, „dat de sick wedder 'n Sack vull Greun'n Koohl holt hett. Vörig Joahr Wihnachten – – –"

„Hein, wes' still! Oder du kriegst ee'n in Nacken! Dat geiht up Wihnachenoben, – hebb ick di al mol segt! – Komm, wi möt gau no Hus! Dat he uns blooß ne erst süht!"

Un nu kreegen wi dat Schächen un at Loopen, all dree wedder in een Reeh, een achter 'n annern,

– öber de Wisch un öber 'n Hoff. Bi 'n Neßbuern leeten se jüst de Rulloosen dol un steeken den Boom an.

„Gau to, gau to!" sä Vadder. „He kummt, he kummt! – Da! Nu hett uns' Köster em ook al in Sicht!"

Jo, nu füngen ook bi uns in Finkwarder de Klocken an to lüden: „Bim – bam! Bim – bam!" Un lüden uns den ganzen Sommerdiek langs, bit bi uns vör de Dör.

Doar keeken wi uns noch gau mol üm. De Sünn wür jüst in Oolland achter de Bäum sackt. De Heben wür noch ganz root, und de Snee harr hunnertdusend lütte Lichen. De Kujees, mit sien'n grooten Sack up 'n Puckel, – –

„Doar kummt he jüst üm de Eck!" sä Vadder. „Man gau rin, dat wi kloar sünd, wenn he kummt!"

Un as wi man eben erst in de Döns würn un harrn de Jack ut, do klopp dat ook al bi uns an de Dör, – do wür he al bi uns up de Del un freug uns – dör de Ritz hindör – wat wi denn ook beden kunn'n. un as wi dat kunn'n dat sogoar good, do scheuf he uns allerhand feinen Krom üm de Eck, för jeeden wat. Un den güng he wedder weg, un güng wieder, – den ganzen Diek langs, van Hus to Hus, bit no de Au.

Hein wull noch 'n poarmol wat seggen, ober Vadder keek em blooß an un schüttel mit 'n Kopp.

De heul he sien'n Swiegstill, un bekeek sien Spelkrom un sien Märchenbook.

Boben Oolland güng sinnig de groot Dör van 'n Heben wedder to.

*

„Wihnachten ward mit 'n „W" schreben", sä Vadder.

„Un kummt ut 'n Westen, över 't Is, Mudder! Wi hebbt dat nu mol sülben seehn un mit beleft!"

De brune Schimmel

Wihnachenobend
denn goht wi no boben,
denn pingelt de Klocken,
denn danzt de Poppen,
denn piept de Müs'
in Grooßvadder sien Hüs'.

Wu mannigmol hett uns' Vadder uns dütt lütt Riemels herbed, so eben vör Wihnachen, obends in de Schummeree, wenn he bi uns up de Bank sitten dä, un wi mit alle Mann bi em rüm. Ick – as de lüttste – bi em up de Knee: „Oah Vadder –! Noch mol!"

„Wihnachenobend – denn goht wi no boben –!" Wat kunn uns' Vadder dat jümmer scheun upseggen! Allns butenkupps! – „Fein – –!" dach ick jeedesmol.

As ick noher 'n beeten grötter un ook al 'n beeten kleuker wörd, do dach ick: „Oach, – dat hört sick jo ganz scheun an, ober – Tühnkrom is 't doch! Wi goht jo goar ne no boben. Un boben – doar wohnt jo ook goarkeen Lüd, doar is jo blooß uns' Böhm. Un Grooßvadder –? Grooßvadder hett jo goarkeen Hüs' un keen Müs'. Tühnkrom all! Vadder schull sick man mol wat anners utdinken!"

Ober denn wörd ick noch jümmer grötter, un güng no See, un güng rin in 't Leben, un – kreeg Heimweeh. Ne no Hus, ne, – no mien Kinnertied, no de Schummerstünden so eben vör Wihnachen. Un ick dach wedder an Vadder sien lütt Riemels: „Wihnachenobend – denn goht wi no boben!" Un denn up eenmol wüß ick, wat dat heeten schull, – wüß ick, wat dat to bedüden harr: Goht wi no boben. – Wi ne, – uns' Gedanken goht no boben, – un goht ook wedder trück, wied trück, bit in uns' Kinnertied, – un denn hört un seeht wi allns wedder, wat wi as Kind al mol hört un seehn hebbt, – „denn pingelt de Klocken, denn danzt de Poppen, – –"

Jo, dat is 't, dat schall 't heeten: Wihnachen sünd wi all mol wedder ganz ganz lütt, un wenn 't ook man för 'n Oogenblick is, – alltohoop, jeedes Joahr wedder. Un – ick gläuf – am meisten un am besten, de de 't as Kind man ganz lütt un ganz eenfach hatt hebbt.

Wenn 't meist jümmer gries un düster is, den ganzen Harwst un Winder gries un düster, – denn brinnt un schient de lütt Dannboom to Wihnachen jo noch vel hiller, un wenn he ook krumm un scheef is, un hett man een lütt Licht. – Wenn 't sonst in 'n Hus' bald goarnix geben deit, keen Spelkrom, keen'n Kooken, keen Tüg, – denn freit man sick to Wihnachen jo noch teihnmol so dull, to jeeder lütt Stück.

As ick lütt wür, – wi würn mit vier Jungs un een Diern in 'n Hus', un wi kreegen jeedes Joahr to Wihnachen 'n Fatt mit Nöt un Appeln, un denn noch jümmer een lütt Stück bobenup: 'n Griffelkasten, oder 'n Mütz, oder 'n Poar Strümp, oder wat wi jüst so bruken kunnen. – Un denn harrn wi lange Joahrn hindör ook noch een Stück, dat güng van 'n een'n up 'n annern.

Dat weer een groot fein hullten Peerd. Dat harr uns' Jann mol to Wihnachen kregen, as Schimmel, fein in Wichs, mit'n richtigen Stiert ut Hoar, – stünd up son Brett mit Röd. – Dree Weken harr Jann em toreden, ierst in 'n Hus', denn vör de Dör, denn den Diek hindol. – Do weer't sowied: Uhrn af, – Röd af, – Stiert utreten! – Weg mit den Schimmel. Up'n Schuerböhm rup mit em! – – (De Schuerböhm – dat weer bi uns son Oart Rumpelkommer.)

Dat anner Joahr to Wihnachen kreeg uns' Hein 'n Peerd, meist son as Jann hatt harr, ober swatt, gneterswatt, – ohne Uhrn, un de Stiert weer ut Tüg. – Jann öberhol em gliek mol, bekeek em van all de Sieten, ober – seggen dä he nix. – Käm he ook goar ne to. Hein wür al vördull an 't Rieden. – Vier Weken Galopp, – do harr he em ook wedder sowied: Snut upkleuft, Been af, Stiert utreten. – Weg mit den Swatten! Up 'n Schuerböhm rup mit em!

Dat anner Joahr kreeg uns' Jakob 'n Peerd, meist son as Hein hatt harr, ober – brun, ganz brun, – harr blooß 'n tohoopenbunden Snut, harr 'n anlascht Been, und harr 'n Stiert ut 'n Stück Ledder. – Jann un Hein keeken sick an, sän ober nix. – Jakob weer ook al as wild an 't Jogen, jümmer van een Eck in de anner: „Über Stock und über Steine, aber brich dir nicht die Beine –!" Dat dä he ook ne, de ool Voss, ober – he breuk den Hals, – fief Weken no Wihnachen. Jakob harr jo woll so gau mit em üm de Eck wullt, – Kopp af! Un de Voss will ohne Kopp den Diek hindol. Hein woll em noch fasthooln, – Stiert ut! – Na, denn wür 't jo ierstmol wedder Fierobend. – Weg mit den Voss! Up 'n Schuerböhm rup mit em!

Dat anner Joahr segt Jann to mi: „Ick weet doch, wat du to Wihnachten kriegen deist!" – „Noa, wat denn?" – „Du krigst 'n Peerd!" – „Ne, dat gläuf ick ne!" – „Wöt wi mol wetten?" – „Jo, wöt wetten!" – „Nem üm?" – „Oach, – üm 'n Appel!" – „Good, – Hand her!"

Mudder müß dörhaun. Mudder knipper mit de Oogen, un Jann verspel sien Wett. – Ick kreeg to Wihnachen keen Peerd, ick kreeg 'n Poar feine Fusthandschen, ut Schopswull, harr Mudder sülben spunnen un knütt. – Un Jann müß mi sien'n besten Appel geben. Un he weer beus in de Baß, un schimp up den Wihnachtsmann, dat de ne mol 'n ooln Peerdkupp wedder ansetten kunn!

Ober dat kunn de Wihnachtsmann doch, dat duer blooß 'n beeten länger. Dat anner Joahr to Wihnachen kreeg ick 'n Schimmel, 'n sneewitten Schimmel, – harr blooß 'n poar groote Nogels an 'n Hals, harr 'n anstückt Been, un harr 'n Stiert ut 'n Stück Tau, – Manillo-Tauwark van Vadder sien'n Fischereebe.

Oh, wat hebb ick mi freit to den Schimmel! Gliek mit 'n Tofoahrt rup, – Zuckeldraff: „Hüh, hüh, hopp!" so mit de Hacken ünner'n Buk! – Un ick kiek so an mi dol, un hebb de ganzen Kneen vull Farw. – Un ick stieg wedder af, – mien Büx is witt un mien halbe Schimmel is brun!

Un mien dree grooten Brü'er – de lacht mi ut vuller Kehl wat ut. Un Mudder kickt sick dat Peerd an, un segt to Vadder: „Doar hett de Wihnachtsmann jo ook keen Eul genoog ankregen, un keen Sikkativ!"

Un Vadder grient un segt: „Joa, de Wihnachtsmann, – de harr man ni recht wat mihr, – un in 'n Winter will de Krom ook ne so dreugen!"

Ober acht Dog noheer weer mien bunte Schimmel doch dreug, un dat Rieden kunn wedder loosgohn. Un ick hebb doar noch 'n half Joahr up reden, – ne twei to kriegen! Ober toletz harr ick em doch ook wedder sowied: Twee Been af, un dat Gnick ümdreiht! – Blooß den Stiert – doar kunn ick nix anmoken. Den Stiert – den harr uns' Vadder doar nu so fast rinspleeßt, – doar kunnst 'n ganzen Buerhoff an uphangen.

Dat kannst du ook noch jümmer. De ool Schimmel steiht noch jümmer so bi uns up 'n Schuerböhm – mit 'n Stiert ut 'n Stück Tau, mit annerthalf Been, un ohne Kupp un ohne Hals, – un is dat beste Peerd, wat ick mi dinken kann. – So eben vör Wihnachen – denn sünd mien Gedanken jümmer wedder bi em, – un

„Wihnachenobend
denn goht se no boben,
denn pingelt de Klocken,
denn danzt de Poppen,
denn piept de Müs'
in Grooßvadder sien Hüs'!"

De lütt Dannboom

De lütt Dannboom wür trurig, – so trurig, as man blooß 'n Dannboom wesen kann.

Ierst harr he sick so freit, dat se em mitnohmen harrn, un harrn em mit up 'n grooten Wogen packt, un harrn em mit no Stadt hinfoahrn, un ook gliek mit up 'n Marktplatz rup, – so recht in all dat bunte Leben rin.

Un nu –? Nu läg he hier al acht Dog an 't Rickels, un keeneen keek em an. All de annern Bäum, de so in sien Öller un ook sien Geegend würn, de würn al all verköfft. De meisten van jem stünden woll al in son lütte mollige Döns, un stünden al fast up 'n Foot, un wörden al bunt mokt. – Un he? He läg hier 'n Stoff un kunn hier luern un – versuern. Keeneen wull em mithebben.

„Wat is dat doar denn noch för 'n lütten scheeben?" freugen de Froonslüd jümmer.

„Oach, dat is een as Utschott, dat is een in 't Füer!" sä Plünnjoochen denn jeedesmol. „Doar hett de Buer mi mit ansmeert. – Dat hebb ick goar ne markt – in de gangen. – De hett as „Kind" woll mol de Spitz afbroken, un is denn son beeten krum üm de Eck wussen. – Wenn em een mithebben will, – –? Mienwegen!"

Ober denn schütteln de Froonslüd all mit'n Kupp un söchen sick 'n annern Boom ut.

„Oh ne, düsse Minschen –?!" dach de lütt Dannboom. Un he keek in Gedanken sien Leben wedder trück, un dach: „Oh, düsse verdreihten Jungs!? Wonem de Gäst woll afbleben sünd? De möt nu jo ook al groot wesen, – loopt villicht al lang mit Slips un Krogen, un dinkt al goar ne mihr an mi. Un wet dat oberlingen ook goar ne, wat se anricht hebbt. – – Kommt doar man eenfach so ansusen – bi jemehr ool „Krieg spelen" – un smiet sick doar – mit dree Man hooch – dicht bi mi in 't Gras. Un denn – – – „So, Willi", segt de een, „bit hier sünd wi wesen, bit an 't Holt ran!" – „Jo, Heini", segt de anner, „un to 'n Teeken, dat wi bit hier wesen sünd, nehmt wi uns 'n lütten Danntelln mit!" – „Oach wat – Telln!?" segt Hannes Unbehaun. „'n Telln is goarnix, – – 'n Spitz mütt dat wesen! Hier düsse scheune lange!" Un doarmit ritt he ook al sien Mest ut 'n Reemen, un snitt mi mien Spitz af, mien scheune lange Spitz, – so stuf weg af, dicht boben mien heuchsten lütten Tellns!

Oh, wat hett dat weh don un wat hett dat blött! Dree Weken hett dat blött. Ober denn – hebb ick mi tohoop reten un hebb mi sülben holpen. Hebb een'n van mien besten Tellns steil no boben böhrt – so good as 't güng, un bün dann so wieder wussen, fief Joahr hindör, – un bün meist ebenso hooch worden as de annern Bäum. – Ober nu –? Nu hett dat jo woll doch all nix holpen –? Wenn mi nu doch keeneen hebben will –? Wür ick denn doch man leeber – – – buten in 't Holt bleben! –

Oh, düsse verdreihten Jungs! Un düsse verdammte Hannes Unbehaun! – Wenn ick em hier harr, un ick kunn em to Kleed, – – mit all mien spitzen Nodeln steek ick em in de Oogen, dat em de Tronen öber de Backen leepen!"

*

„Gooden Dag, Joochen!" käm doar mit mol een anhumpeln. „Wat is 't? Hest du för mi ook noch een'n?"

Plünnenjoochen dreih sick üm un wunner sick: „Hallooh –! Minsch, Hannes –?! Hannes Unbehaun! Lefst du ook noch? Wonem kummst du denn her? Di hebb ick jo in söben koolte Winder ne mihr seehn?"

„Jä, magst woll seggen, Joochen. Oach, ick bün al 'n ganze Tied wedder bihus, – hebb ierst noch lang' in 't Lazarett seten, un bün denn – –"

„Du geihst an 'n Stock –? Hest ook wat afkreten –? Wat an 't Been –?"

„Jo, an ’t Been, un an ’n Arm, un an ’n Foot un allerwegens. Ick hebb mien Deel weg. Ober – – lot man! Hilpt sick all! – – Wat is ’t? Hest noch ’n lütten scheunen Boom för mi?

„Jä, de lütten sünd al meist all weg, Hannes. – Ober hier – de poar letzten grooten noch! Wat segst du doarvan? – Seuk di een’n ut!“

„Oach ne, Joochen, dat is nix för uns. De krigt wi jo goar ne pall – in uns’ lütt Döns. – Ne, ick dach so een’n – up de Kommod to stelln. – Wat is dat denn noch för een’n doar in de Eck an ’t Rickels? Oder is de al verköfft?“

„Ne, Hannes, verköfft is he noch ne, ober – dat is een as Utschott, weeß du. Doar hatt de Buer mi mit ansmeert. De hett as „Kind“ woll mol de Spitz afbroken un is denn son beeten krum üm de Eck wussen un is verkröpelt.“ –

– – – – „So“, dach de lütt Dannboom, „nu is dat wedder so wied! Nu dreiht he sick üm un – geiht weg – oder söcht sick ’n annern ut. Hannes Unbehaun! – Du, Hannes! Kiek mi doch mol an! – Kinnst du mi denn goar ne mihr!“

– – – – “Dat is een as Utschott“, meen Plünnjoochen wedder. „Is een in ’t Füer. Hett de Buer mi mit ansmeert!“

„He hett ober feine dichte Nodeln“, sä Hannes Unbehaun, un he böhr den Boom al mol sinnig up, un dreih em hin un her. „Un is nerden ook scheun egol wussen!“

„Jo, dat is he, – – bit up de scheebe Spitz eben, – an’s is doar – – –“

„Un doar kann he jo sülben ook nix för. Keen weet, wat he mol hatt hett –? Is woll ook mol ’n beeten „kriegsbeschädigt“ worden, – genau so as ick. – – Geef em mi man mit, Joochen! Wenn he bi uns up de Komood steiht, un is ’n beeten bunt mokt, un hett sien negen oder teihn lütten Lichen up ’n Liew, – –“

„Denn is doar nix mihr van to seehn, dat he ’n beeten scheef is. Dat is ook woahr, Hannes. Nehm em man mit! Wenn du em lieden magst –!“

„Jo, – wat schall he kösten, Joochen?“

„Nix, Hannes, – den schink ick di to Wihnachen. Blooß dat ick em loos ward, – ick wür doar an’s doch mit besitten bleben. – Komm, – ick stek em di ünnern Arm! Geiht ’t so? Hest em good fot?“

„Jo, hebb ick!“ sä Hannes. „Veln Dank, Joochen! Un denn man – freulich Fest!“

Un nu pedd Hannes Unbehaun sick Foot för Foot mit sien’n lütten Dannboom no Hus. Un de lütt Dannboom kreup ganz dicht no em ran, un wür goar ne mihr dull up em, – un wür ook goar ne mihr trurig.

– – – Un obends seet Hannes Unbehaun mit sien lütt Mudder – un mit son groote feine Diern, de dütt Joahr dat ierste mol mit jem tohoop fiern wull – dicht ünner den lütten Boom. Un se keeken all dree mit blanke Oogen in de teihn lütten Lichen, un seeten ganz still.

Un de lütt Dannboom reck sien scheebe Spitz bit boben unner 'n Böhm, – – un frei sick so dull, as sick man blooß 'n Dannboom frein kann.

Nix as dütt!

Wenn ick mi mol wat wünschen schull,
ick wünsch mi nix as dütt:
Noch eenmol wedder Kind to wähn,
ganz tutig, dumm un lütt.

Un denn – wen 't Heilig-Obend ward – so in de Schumeree
ganz still in uns lütt Döns to stohn
bi Vadder an de Knee.

Un noch mol seehn, wat Licht üm Licht
Sien'n Schien no boben smitt,
un allns wat bunt in 'n Dannboom hangt,
dat lücht un blinkert mit.

Un noch mal rüken, wenn an 't Füer
son lütten Danntilln swehlt.
Un noch mol lüstern, wat dat klingt,
wenn uns' lütt Speeldoos speelt.

Un noch mol, wenn dat buten kloppt,

so ganz vull Angst un Freid
mien lütt Gebett dör ’t Halslock quäln –
so gau un good as ’t geiht.

Un denn doar stohn mit ’n Fatt vull Nöt
un mit son heeten Kupp:
„O, Vadder, – Mudder, kiekt doch mol!
Ligt noch wat boben up!“

Dat is mien Wünschen Joahr för Joahr:
Noch eenmol wedder trück
In ’t scheune stille Kinnerland,
in ’t Land vull luder Glück!

Ick weet uns’ Herrgott gift mi ’t ne.
Man een Deel weet ick wiß:
Dat sick mien Jung dat jüst so wünscht,
wenn he mol sowied is.

He kunn de Tiet nich aftöven

Dat gifft en Wort, dat heet: De Klock is nich uns Herr! Nee, dat wull nich, aver de Tiet geiht wieder, de kannst du nich bedregen, so slau du dat ok anstellen wullst. Se löppt schier in'n Draff, un alle Jahr warrt Wiehnachten, un alle Wiehnachten warrt wi een Jahr öller.

Fiete hett dat ok beleevt un beleevt dat noch hüüt, un denn mutt he ümmer an den een Wiehnachtenavend denken, as he noch lütt weer.

„Fiete", sä sien Mudder, „nu kiek doch blots mal ut, wat Vadder noch nich kummt!" Se weer al ganz argerlich, un wat schull se wull nich: De Klock gung op halvig acht, un ümmer noch weer de Mann nich to Huus. Un dat op'n Wiehnachtenavend!

Lütt Fiete – he gung graad een Jahr to School – slieker sik rut un keek ut de Blangendöör langs den Weg. Nee, nix to sehn. Dat weer ganz düüster, keen Steerns an'n Heven, aver in de Feern blänkern en paar Lichter, dat weer dat Dörp. Von dar muß Vadder kamen. He harr dat so an sik, dat he op den Namenddag von'n Wiehnachtenavend noch mal to Dörp gung. „Den Wiehnachtsmann en beten in de Mööt lopen“, sä he to Fiete. Aver Mudder wuß, dat he hier un dar mal inkeek in de Hüüs, hier bi en paar ole Lüüd, dar bi en Kranken oder wo dar sünst Hölp nödig weer, en beten Moot un Freud to maken. Oha, nee, to verschenken harr he ok nix, Vadder, aver dat kunn he, de Lüüd en Freud maken.

Un nu keem he nich na Huus! „Nee, he is noch nich to sehn“, sä Fiete ganz benaut. „Wat'n Stück Arbeit!“ Mudder worr ümmer argerlicher. Eerst harr se noch plätt, denn de Swien wat geven – un dar weer ehr ja wull de Tiet bi weglopen. Eben doch eerst Kaffe drunken, un denn weer de Klock al fiev ween. Un se harr dat hild kregen un de Goos in'n Brataven sett – worr ja höchste Tiet!

Aver se muß doch ümmer wunnerwarken, wo de Tiet bleven weer.

Kunn ja wull meist nich angahn! Schull de Wecker villicht? Ach wat, de Wecker gung genau. Un wenn de Wiesers op Klock fiev wiesen, denn weer de Klock ok fiev! Un nu weer't halvig acht! De Braden, de Braden! „Dar is ja Saft un Kraft rut!“ Un de Kantüffeln weern gar un de Rotkohl, un allens warmstellt in't Röhr. Un de Wecker tick un tick, un „Keen Mann in Sicht! Wat deit he blots?“

Un Fiete – de harr ümmer op den olen Wecker schuult – Fiete muß wedder ut de Döör kieken. Un wedder weer keen Vadder to sehn un to hören! Dat harr he ja noch nich eenmal daan un weer so laat inkamen. Klock halvig söven worr doch sünst wat eten an düssen Avend, un denn – ja, denn keem de Wiehnachtsmann! Un nu? Schull dar wat passiert ween, Mudder sett sik op de Törfkist, weer verdreetlich un keek ganz verloren. Un Fiete, de kunn dat allens nich begriepen. He schuul blots ümmer op den Wecker, de dar op de Fensterbank stunn. Un he keek den Wecker so an, as weer dat en groten Bedreger. Ja, ganz so, as harr de ool Wecker em, Fiete, sülven bedragen. Un as Mudder nu mal deep Luft haal, do weer dat all mit em. Luuthals fung he an to wenen. Un Mudder, as harr se dar jüst op luurt, stegen ok de Tranen in de Ogen . . .

Do, mit'n Mal, en fasten Schritt buten op'n Stieg – un gar nich in de Hast, ganz gemütlich. De Butendöör gung, un denn stunn Vadder in de Kòök: „Wat is hier denn los?"

„Mann, wo kummst du her?" wisch Mudder rasch de Tranen af. Fiete sä gar nix. He blarr noch ümmer. Un he blarr ok noch, as Mudder op den Wecker wies: „De Klock is acht!" un Vadder de Taschenuhr ut de Westentasch grabbel un sä: „De Klock is halvig söven!"

Un denn hebbt se Fiete eerst mal begööscht, Fiete un sien slecht Geweten. Kiek, he harr ja de Tiet nich aftöven kunnt, bet Wiehnachten keem. Un as sien Mudder noch in'n Stall weer un de Swien foder, do weer he gau bikamen, harr den Wecker nahmen un de Wiesers en beten wiederdreiht. Eerst mal den groten Wieser eenmal ganz rüm un denn – dar worr sacht noch beter hölpen – noch mal'n Stück.

„Junge, wat kannst du sowat maken", schimp Mudder. Aver Vadder sä: „Na, laat man. De Goos warrt uns liekers smecken!" Un denn nehm he Fiete op'n Schoot un meen: „Dat warrst du noch lehrn: de Wiehnachtsmann kummt ümmer veels to gau un is ok veels to gau wedder weg." Aver he meen gar nich den Wiehnachtsmann aleen, he meen de Tiet.

So sä Vadder, un so keem de Wiehnachtsmann ok düt Jahr för Fiete, liekers he so unbannig ween weer. He keem as alle Jahr – jüst to rechten Tiet, nich eher un nich later.

Tuskulum

Ümmer wenn ik an Fiete denk, mutt ik ok an den olen Schäper denken – un an unsen Wiehnachtenavend, de so ganz anners weer.

Fiete weer ok Schäper hier an de Westküst. Dar warrt seggt, Schäpers sünd en egen Slag Lüüd – op männich Aart. So weer dat ok mit Fiete. För'n Schäper harrst em nich ansehn. He weer en forschen Kerl, un en paar Ogen harr he in'n Kopp, de keken mien wiet vörbi! Ok an düssen Wiehnachtenavend in de Fremd.

De Sünn stunn al deep, do gungen wi von Frascati den Barg langop. Rechts un links hoge Muurn üm Parks un Gaardens, – nu mal en Villa, dann en Palazzo, – hier mal en Kruzifix un dar en Springbrunnen, – vörbi an Steeneken un Oliven. Toletzt warrt de Gegend frier, un du kickst von baven trüch. Dar liggt di dat Land denn to Föten, dat wiede Land, de Campagna von't Mittelmeer bet an de Sabiner Bargen, un Rom liggt merrn dar in, un to merrn de Ewige Stadt, dar steiht St. Peter sien Doom. Och, 'keen dar so trüchkieken kann, wenn de letzte Avendsünn ehr Gold op de hoge un allmächtige Kuppel blänkert!

„Kumm", sä Fiete, „wat wullt du lang kieken!" He harr den Krieg in'n Kopp. Höger und höger gung dat de Treppen langop. Do fung ik von Wiehnachten an, von Wiehnachten to Huus un in de Heimat. „Du mit dien Wiehnachten", sä he. „Wenn du an Wiehnachten denkst, denkst du blots an Snee un Dannenboom, Knecht Ruppert un brune Koken!" Un he wull wedder von'n Krieg anfangen. Aver ik bleev bi mien Stück. „Hest wul Heimweh?" brüüd he mi. Na, dar wull ick mi nich ankamen laten.

So gungen wi denn – nu al hooch baven op de Bargen – ümmer wieder ünner de düüstern Pinien lang, lepen en Flach op de ole Römerstraat, klattern noch mal'n Stück höger und weern denn dar, wo wi hen wullen: dat ole Tuskulum, de Ruinen von dat antike Theater.

Dar setten wi uns op de Steentreppen un keken in de Runn. Fiete stopp sik de Piep, ik kreeg mien Zigaretten her. As wi denn seten un smöken un en Tietlang garnix seggt harrn, meen Fiete: „So, nu kummst du!" Un ik keem ja wedder op dat ole Stück. Wiehnachten to Huus! Dar putzen se nu wiß al den Dannboom torecht, un de Wiehnachtsmann weer ünnerwegens för all de lütten Jungs un Deerns. „Ah, Snack!" sä Fiete, „büst nich klook?

Vertell mi lever von de Lüüd, de hier domals vör Tieden rümspaziert sünd!“

Do hölpt dat ja nix. „Na, denn paß man mal op! Hier, wo wi nu sitt, hier in dat Halfrund von de Steentreppen, dar hebbt se ok seten, de Lüüd domals, un se hebbt tokeken, wenn dar vörn, wo nu de groten Steenblöck liegt, wenn dar Theater speelt worr. Mächtige Sülen – nu sünd dat ja man Stücken, as du sühst – drogen dat Dack. Un even hier achter – höörst dat Plötern? – dar löppt nu noch de ole Waterleitung as vör tweedusend Jahr. Hier stunn mal en Stadt, mußt du weten, de weer uuroolt, öller noch as Rom, warrt seggt, un . . .“ Un ik wuß noch veel mehr un vertell von Ruinen rundüm – Hüüs, de ünner de Eer legen, ganz verfullen, von Fliesen an de Wand un von Mosaik, dat noch in bunte Farven blöh. Een von de Hüüs hier harr Cicero tohöört – un ik vertell, wokeen dat weer, Cicero. Un de olen Römer – lang ehrer se wat von den Heiland wussen un höört harrn – muchen hier in'n Sommer so geern ween, wenn ehr dat in Rom to hitt worr – hier in Tuskulum, wo dat so schöön weer. Un darüm geev dat 'n Woort, dat heet: Hier is mien Tuskulum! Aver hüüttodaags un bi so'n Tieden – „wer weet nu noch wat von Tuskulum! Blots latiensche Lüüd!“

So vertell ik, un Fiete – sien Knösel weer lang utgahn – höör mi to. Wi seten un keken. Wo weer de Sünn bleven? Even noch harr se dar wiet in'n Westen över't Water stahn un allens in Root un Gold dükert – nu weer se weg. Dat worr schummerig. De Luft worr blau un blauer, de Schadden deper un deper. De Feern keem neeg un neger – toletzt ganz neeg, un denn weer se ok weg. Dat weer düüster. Keen Licht as blots de Steerns – weer ja Verdunkelung, weer Krieg.

Un denn fung dat mit'nmal an, dat Klockenlüden rundüm: Von nerrn ut de Grund dröhn dat deep un luut langop: Frascati. Von güntsiet dat Holt pingel dat rasch un fien: Montecompatri. Dartwischen beier dat över Kloostermuurn weg: Camáldóli. Achter in de Feern – Rocca Priora – bever dat dump dörch de Luft. Un nu klung dat ok von links, von Rocca di Papa, hell un scharp na uns röver. Un mehr Klockenklang weih noch her: von Castelgandolfo un Albano, Grottaferrata un Velletri ganz. Wiehnachtenavend!

Do stunnen wi mit'nmal beid. Wat weer't en Ogenblick. Ik dach nu nich mehr an to Huus, ik keek in de Steerns. Fiete aver, de keek wieder. Noch bimmeln un beiern un dröhnen de Klocken ümbi. Fiete hork. Denn faat he mi an'n Arm: „Nu will ik di mal wat wiesen! Kannst dat lütt Licht dar sehn? Kumm, wi wüllt den Schäper mal besöken.“ Schäper? Ik wuß von kenen Schäper wat. Aver

Fiete stapp los, ik achteran. Un dann seeg ik dat ok, dar brenn en lütt Licht! Un dar stunn ja wahrhaftig en Stall! Un dar grimmel un wimmel dat witt un grau un gries, un dörch den Klockenklang von wiet un siet bimmel dat fien: Schaap!

Fiete heel mi fast: „Tööv man", swiester he. Langsam stüern de Tiern in den Stall un söchen sik en Platz ünner de Lamp. As se all binnen weern, bück de Schäper sik un padd achterna. De Döör leet he apen stahn. Un noch ümmer heel Fiete mi fast: „Noch nich!" Wi keken. Un do kregen wi dat to sehn: De Schäper full in de Knee. Beide Hannen harr he hooch över'n Kopp op den Schäperstock stütt. Un so huuk he dar mit den krummen Puckel mang all de Schaap – blots de Arms hoochstreckt – un de Hannen rauhen ut to'n Beden. Wi rögen uns nich von'n Placken, un von all de Sieden lüden noch ümmer de Klocken . . .

As wi denn inkeken bi den Schäper, do harr he Broot un Kees, Appeln un Wien. Wi sään nich veel – wat harrn wi uns ok wul groot mit em vertellen schullt? Blots Fiete gung denn noch mal mit em mang de Schaap dörch. Se föhlen mal hier, knepen mal dar un strakeln de Wull. Seggen deen se nix, de beiden Schäpers, se verstunnen sik sachs so.

Naher fiern wi unsen Wiehnachten bi de Kompanie. Wi sungen de olen Leder – Stille Nacht und Heilige Nacht! Un denn sungen wi ok wat anners, as dat nu mal bi de Suldaten is, de wiet weg von to Huus fiert. Do stunn Fiete op un gung rut. Ik gung em na. Wi lepen dörch de Straten, un jeder leep so sien Gedanken na. Mal sä ik: „Wat de Ool wul maakt?“ „Wat för'n Olen?“ froog Fiete. Harr he den Schäper op Tuskulum al vergeten? Ik will wedden, nu weer Fiete op de Reis na Huus. Ik sä: „De ool Schäper. Wüllt wi noch mal na em langop?“ „Ah, laat man“, meen Fiete, „wat schüllt wi dar? He fiert nu.“ „He fiert?“ „Ja, he fiert – he slöppt al lang!“ Ja, he keek wieder, de Fiete. He sä dat nich, aver ik wuß, wat he seggen wull. He meen wul, de ool Schäper harr uns dat Fiern lehrt.

Sünnerklaas

Nu kiek ins, wo is de Häwen so rot!
Dat sund de Engels, se backt dat Broot,
Se backt den Wihnachsmann sien Stuten
For al de lüttjen Leckersnuten.
Nu gau de Tellers unner't Bett,
Un leggt jo hen un weest recht nett!
De Sünnerklaas steiht vor de Doer,
De Wihnachsmann, de schickt em her.
Wat de Engels backt, dat schät ji probeern,
Un smeckt et jo good, so hört he dat geern.
Un de Wihnachsmann lacht: „Nu backt
man mehr!"
Och, wenn't doch man erst Wihnachen weer!

Riemels

Wiehnachtsmann, kiek mi an,
’n lütten Jung bün ick man,
veel beden kann ick nich,
Wiehnachtsmann, vergeet mi nich!
Wiehnachtsmann, kiek mi an,
’n lüttje Deern bün ick man,
veel beden kann ick nich,
Gott in ’n Himmel verlött mi nich.

*

Wiehnachtsmann, kennst du mi?
Ich bün gor nich bang vör di!
Vadder seggt, su sleist mi,
Mudder seggt, du eist mi,
un ick glööv, wat Mudder seggt:
du büst doch ’n goden Knecht!

De lütte Deern

Ick bün man noch so 'n lüttje Deern,
un plattdüütsch snack ick gor to geern.

Un mit mien Poppen speel ick geern –
ick bün doch noch en lüttje Deern.

Nu froog ick di, leev Wiehnachtsmann,
hest nich 'n Popp, de Plattdüütsch kann?

Wi schenkt uns nix!

So kott vör't Fest, um düsse Tied,
is dat mit Vadder denn so wiet.
He, de so fründlich un so goot,
kreeg woll'n Stich un ward marod
vun all dat Neon-Licht-Getüdel
un vun de Swindsucht in sien Büdel
un seggt to Mudder fünschen Blicks:
„Wi schenkt uns nix!"

Un Mudder, ok all halw verdreiht,
seggt to de Gör'n, de luurig steiht,
um hier un doar en seuten Happen
as Wiehnachtsvörfreid sick to snappen
„Nu goht man los, speelt mit Marieken
statt hier noh Wiehnacht uttokieken,
as geew't nix anners op de Welt –
de Wiehnachtsmann is affbestellt!"

Un to de Grooten seggt se frii:
„Wat sall de bleude Schenkeri!
Ji kummt nu ok all in de Joahr'n,

wo't heet, fix för de Tokunft spoar'n.
Dat allens so to Wiehnacht rennt,
dat hebbt wi freuher goar nich kennt!
Ick segg ji hiermit kloar un fix:
wi schenkt uns nix!"

Doch düsse Kris' – wees man nich bang –
de duurt bestimmt nich alltolang!
Op eenmol is dat Iis denn broken,
uns' Mudder kromt un backt veel Koken,
köfft bannig in un grient ganz lies
as'n Engel ut dat Paradies ...
Un Vadder slütt, vun Harten froh,
sien Schriewdisch teinmol op un to.

So güng dat all de Joahr'n woll to,
drum, kummt de Kris, bliew ick in Roh!
Seggt Vadder ok, wi wull'n nix schenken
kann mi dat nich en beeten kränken,
denn de Erfohrung dee mi ler'n,
grod he schenkt doch vun Hatten geern!
So grien vergneuglich ick bisiet:
wie scheun is doch de Wiehnachtstied!

Peperkookenfroo un Peperkookenmann

Peperkookenfroo un Peperkokenmann
up'n Wiehnachtstöller kiekt sik an.
Se so smuck in himbeerrodes Kleed,
up de Bost een Mandelkeed.
Un de lange, wiede Rock
ganz bestickt mit bunte Zuckerbloom'
hett een Marzipanspitz an den Soom.
Appelsinageele Schoh hett's an de Fööt.
Ach, wat is se eenmal sööt!

He mit Hoot un Stock.
An de West dree blanke Knööp.
Sülverbontjes sünd dat grad,
un de Schipperbüx mit wiede Been
is ut Schokolaad.
Hebbt ji sowat al mol sehn?

Kiek, mi dücht, se lacht sik to,
Peperkookenmann un Peperkookenfroo.
Plink se em nich eben to

mit de blauen Bickbeeroogen?
Nickköppt mit de brunen Honiglocken?
Gor so rod is ok ehr Kirschenmund!
O, he mag ehr lieden,
so een Froo, so sööt un bunt.
Sien Rosinenoogen ward ganz rund
vör luder Freid.
Ja, se hört tosamen beid.
Sünd se doch ut eenen Deeg utsneeden
un in eenen Aben backt
un nu up den Wiehnachtstöller packt,
faat se an de Hand sik an,
Peperkookenfroo un Peperkokenmann.

De Snee

De Snee ut 'n Heben
kummt eben, alleben
in Grimmelgewimmel
hendal ut 'n Himmel,
hendal ut de Wulken
as Duben, as Swulken,
as Feddern, as Duun
op de Hüüs, op 'n Tuun,
as Duun un as Feddern:

Fru Meddern! Fru Meddern!
Herinner! Kruup ünner
un roop alle Kinner!
De Höhner, de Küken!

Schüllt kamen, schüllt kieken!
Schüllt kieken un sehn,
de groten, de kleen'n,
alleben, alleben
den Snee ut 'n Heben.

Christkindken

Op enen blanken Schimmel
hendal von'n Himmel,
över'n Regenbagen
kummt Christkindken tagen.

Dor kümmt en Schipp

Dor kümmt en Schipp, is laden
bit an dat böverst Boord,
driggt Gott sien'n Söhn vull Gnaden,
bringt uns dat ewig Woort.

Dat Schipp kümmt liesen dreben
un driggt en rieke Last;
dat Seil is Gott sien Leevde,
de Hillig Geist de Mast.

De Anker is utsmeten,
dor is dat Schipp an'n Strand.
Dat Woort as Minsch will kamen,
So kümmt de Söhn an Land.

De hilligen dree König in de Stadt

„Noch 'n Geschich, Grootvadder, bitte, bitte!" – „Man los, Grootvadder, vertell wider!"

So bedeln mien beiden Enkelkinner, de een weer twölf, de anner dörteihn, un de een heet Hannes un de anner Daniel. Ehr Mudder harr uns in de Kinnerstuuv inslaten – dat gung op Wihnachenabend to. Ick seet goddloff in mien Mudder ehrn groten Lehnstohl, de beiden Jungs legen in de Duppeldeckerbetten un bedeln mi an.

Ick keem ganz schön in de Bedrullje, ick wuß keen Geschichen mehr. De besten harr ick al weg, nu weer ick an'n Enn. Man lang kunn't ja nich mehr duern, wi harrn vör 'n halve Stunn wat op'e Deel langs de Tapeten schüern höört; dat weer de Boom, de Wihnachsboom! Vadder sett em op'n Foot, un Mudder putz em. Weet Good, lang hen weer't nu warraftig nich mehr.

„Man los, Grootvadder, noch een!" sä Daniel.

„Un wen't ok 'n ole Geschich is", sä Hannes, „vertell, Grootvadder!" Dor harr he mi in de richtige Richt stüert – ja, so müß dat gahn!

„Weet't ji noch", so fung ick an, „wat ick ju vergangen Jahr von de hilligen dree Könige in de Marsch vertellt heff?"

„Ja – ja", sä Daniel, „ji hebbt dat je domals richtig speelt!"

„Ji hebbt ju verkleedt as de hilligen dree Könige!" sä Hannes.

„Du weerst de Fischer, ja", sä Daniel, „du harrst över dien Buntjeruntje 'n witte Bluus mit rode Blöömen trocken, un op'n Kopp harrst du 'n Kroon, un de weer ut Blick!"

„Un de Schäper," sä Hannes, „harr sick 'n Steern maakt mit rode un witte un gröne Papierblomen, un de Steern, de kunn sick dreihn!"

„Un de drüdde Mann, dat weer 'n Bedelmann", sä ick, „de maak allns mit de Ogen. Dunnerja – dat hebbt ji fein behooln", sä ick wider, „dat freut mi. Aver nu stellt ju vör, vör veerteihn Daag mussen wi dat Stück buten speeln, merrn op'n Platz vör't Raathuus, op'n Sünndagnameddag Klock dree. Dat worr al recht schummerig, as wi ferdig weern."

„Weer di nich koold", fraag Hannes.

„Dat kannst' wull glöben," sä ick, „dat weer 'n recht kole Partie. Aver dat dicke Enn kummt je noch!"

„Wulln se ju den Steern wegnehmen?" fraag Hannes.

„So slimm is’t nich kamen, awer du hest recht, de Steern weer dat eenzige, womit wi opfallen deen. Awer de Lüüd kümmern sick al gor nich mehr um uns. Wi stunnen an de Eck von de Fleethöörn un töben op de Elektrische. Blots as ’n Swarm junge Lüüd mit’n groot Hallo von’n Exer dalpultern keemen un piel op uns toheeln, kregen wi dat richtig mit de Angst, man wi harrn Glück, de Swarm ruusch vörbi, ick hör blots noch, wo een sä: ‚Dat sind ’n paar Verrückte, de kööńt de Tied nich aftöben! De wüllt nu al Rummelpott lopen!‘“

„Is ju wat passeert?“ sä Daniel.

„Nee“, sä ick, „awer nu fung dat an to sneen. Grote, dicke Flocken. Un wi stunnen dor un töben op de Elektrische. Toletzt worr uns dat to ungemütlich. Ick wies mit’n Kopp na de anner Sied. Do sünd wi rövergahn un wulln uns ’n beten schuern in’n Huusingang. Wi sünd denn noch ’n Stück widergahn un – wo dat nu eentlich keem, dat wussen wi sülm nich, genoch, wi stunnen – wi dree, wi stunnen in’n Treppenflur, un nu – stellt ju dat vör, dor keem doch ’n Mann hoch, von ünnen de Trepp hoch, he harr twee Ammers in de Hand, een mit Briketts un een mit lütte Steenköhlen. Un as he uns to sehn kriggt, do stellt he batz de beiden Ammers op’e Trepp un –“

„Worüm sünd ji nich glieks utknepen? Ji hebbt den Mann doch höört!“ sä Daniel.

„He hett ju an de Luft sett, awer 'n beten dalli, wat?“ sä Hannes.

„Dat hebbt wi ok dacht, wi harrn uns al umdreiht, do reep de Mann: ‚Gode, beste Lüüd! Blieft stahn! Doot mi den eenzigen Gefallen un blieft stahn!‘ Un denn schüddel he mit'n Kopp un tuschel vör sick hen: ‚Wo schall ick dat verstahn?‘ Un denn sä he luder: ‚Ick weet, wokeen ji sünd. Ji sünd de hilligen dree Könige. Wi hebbt dat in't Blatt leest, dat ji vonameddag hier buten op'n Platz speelt. Wi bruukt gor nich hendal, sä mien Fru, – wi wohnt nämlich in de veerte Etaasch – wi köönt allns von't Slaapstubenfinster sehn. Aver dor is nix na kamen! Gor nix! Wi hebbt keen beten to sehn kregen. Un nu – wo schall ick dat bloots verstahn? – nu sünd ji sülm hier. Lebennig un warraftig!'

Un so gung dat wider. Wi kunnen uns dor keen Melodie op maken – op so'n krusen Kraam. Wi dree wulln uns jüst wedder umdreihn un rutgahn, do bedel de Mann un fung meist an to weenen: ‚Wat ick sehn heff, schall se ok sehn! Gode, beste Lüüd – kaamt mit rop! En lüürlütten Ogenblick blots!‘“

„Wat weer denn passeert, Grootvadder?“ fraag Daniel.

„Weer se krank worrn, sien Fru?“ keem Hannes achteran.

„Nee“, sä ick, „krank weer se nich, awer se muß

to Bett liggen. Dat kregen wi allns ünnerwegens to weten. Wi harrn uns je nu in Marsch sett un klabastern de acht Treppen hoch.

‚Ach', sä de Mann, ‚dat heff ick in de Fahrt je ganz vergeten: Mien Fru is je hüüt vörmeddag Mudder worrn. Se weer al twee Stünnen op, do müß se Klock acht in Draav wedder to Bett, un halwi teihn harrn wi den Jung.'

Nu stunnen wi veer vör de Döör. De Mann sä: ‚Ick maak ganz liesen de Döör op, un ji kaamt rin. Op'n Flur treckt ji jue Mantels ut. Ick gah vörut!'

Un so keem dat. He maak de Döör to de Slaapstuuv 'n lütt Stück op, un wi kregen de Fru – und de Fru kreeg uns to sehn.

Ick weet nich, off ji beiden dat begriepen könnt", sä ick to mien beiden Jungs, „mi weer ganz muttsch tomoot, mi düch, ick müß wat seggn, awer wat? Ick sä bloots to den Mann: ‚Schenken köönt wi nix, wi hebbt sülm nix!' He mutt dat sien Fru seggt hemm, he keem wedder na uns hen un sä: ‚Schenken schüllt ji ok nix, ji schüllt em bloots wat wünschen!'

Ji köönt ju wull denken, dat ick ganz schöön in de Bedrullje keem, ick weer je nu de eerst! Ick heff 'n poormal dröög runnerslukt, un denn sä ick: ‚Ick wünsch em, he kann dat warrn, wat he will!' Ick weer richtig teihn Pund lichter, as ick dat rut harr. Nu weer uns Schäper an de Reeg, dat weer ok in't Leben so'n Stillen. He dreih doch warraftig den Steern. Denn heel he mit'nmal op un sä: ‚Ick wünsch em, he schall keen Angst hemm vör de Tieden, de op em tokaamt!'

Un denn dreih he wedder den Steern. Nu keem de Bedelmann, dat weer uns drüdde König! Wi hebbt in'n stillen dacht: na, wat de wull toweeg bringt? He sä: ‚Ick wünsch em, dor schal rund um em to Freden ween!'

Un nu höörn wi doch warraftig de Mudder seggen: ‚Gode, beste Lüüd, hebbt Dank – hebbt Dank ok. Ji sünd de hilligen dree Könige!'

Un do hebbt wi uns Leed sungen:

Wi sünd de dree Könige mit ehren Steern,
wi kaamt gewannert ut wiede Feern.
Wi kiekt un wi loopt woll overher,
woll öwer'n Barg un de ganze Eer.
Un wo de Steern blifft stille stahn,
dor doot wi in dat Huus ringahn."

„Wo mag't ju tomoot ween hemm, as ji de Trepp wedder runnergahn deen", sä Daniel.

„Ja", sä ick, „– du magst dat glöwen oder nich, för'n lütten, lüürlütten Stoot hebbt wi all dree dacht, wi weern de hilligen dree Könige sülm."

Wenn dat Jahr to Enn geiht . . .

schull'n sik denn nich fragen,
wat en bidragen hett
to dat Glück
in de Welt
in't verleden Jahr?

Liek groot kann't nich sien,
dat Maat,
dat elkeen bistüert.
Kraft un Könen
is nich liek groot.

Man bidregen wüllen
to dat Glück
in de Welt
schull elkeen.

Lütt oder groot Maat:
Tosamenrekent
tellt elkeen Posten.

Schöne Festdaag

Wat so'n Dannenboom
in männicheen Stuuv
wieldes

to sehn
to hören
to föhlen

kriggt –,

't harr em woll
vörher de Lust nahmen
op'n Hilligen Avend
bi Minschen,

de sik nich schaamt
vör den Boom,
den se haalt hebbt
un putzt as för en Krönung.

Weer lever bleven
in't Holt
as de annern Bööm.
Männicheen Dannenboom.

Mien Kinner

Liggt noch un slaapt
– alle twölf Maanden von't tokamen Jahr –,
all mien twölf Kinner.

Schüllt rut in den Jahrsloop,
schüllt sik stevig un stief op den Padd holen
un sik bewiesen.

Wat mi een sünnerlich leef is,
fraagt ji?

De Maimaand villicht
mit Vagelstimm'n un Leevswünschen?
Oder August, wenn de Sommer in sien Hööcht
steiht,
meent en?

Sünd all mien leve Kinner,
de dar nu noch slaapt . . .

Doch,
– villicht de Christmaand,
mien Jüngst –,
fraag ik mi sülven heel nipp.

Christmaand –, ’t mag angahn,
Lichtmaand.
De is Anfang un Enn
un mi sünnerlich leef.

Man –, ’t sünd all mien leve Kinner,
mien, Modder Jahr, ehr Stolt.

Wihnachen

Noch een, twee, dree Dag sachen,
denn's Wihnachen! Wihnachen!
Krieg ick wull dat Peerd
Mit den Peerhaarsteert?
Oder de Dampmaschin?
De ward wull to düer sin.
Oder ok dat Schipp mit' Stür?
Dat's jetz ok to dür . . .
Min Swester krigt en Popp
mit Slapogen in' Kopp.
Dat snapp ick güstern grad op.

Wat weer mi denn nu an' mehrsten mit:
Dat Peerd, de Dampmaschin oder dat Schipp?

In' Grunn' eenerlee.
An' leefsten all dree!

Dat Dörp in Snee

Still as ünnern warme Dek
Liggt dat Dörp in witten Snee,
Mank de Ellern slöppt de Bek,
Ünnert Is de blanke See.

Wicheln stat in witte Haar,
Spegelt slapri all de Köpp,
All is ruhi, kold un klar
As de Dod, de ewi slöppt.
Wit, so wit de Ogen reckt,
Nich en Leben, nich en Lut;
Blau na'n blauen Heben treckt
Sach de Rok na'n Snee herut.

Ik much slapen as de Bom,
Sünner Weh un sünner Lust,
Doch dar treckt mi as in Drom
Still de Rok to Hus.

Wihnachnabnd

Dat is en scharpen Wihnachnabnd!
Greetdort, kik mal na'n Kachelabnd!
Grotvader früsst uns sunst noch dot,
Em ward vör Küll de Näs al rot.

Och, lat he nu de Weeg man stan!
He schull man hier na'n Lehnstohl gan! –
Süh so! nu is de Stuv al rein
Un fehlt der nix, as Sand to strein.

De Finstern tuckt un muckt sik ni,
Wi möt noch rein mit't Fürfatt bi!
Wa knarrt de Snee! Wat's dat vör een?
De Frost makt idel flinke Been.

Dar kummt de Sünn! se's füerrot!
Wenn de man hölpt, so hett't keen Not.
Süh an! de Ecken schint al blank
Un drippelt op'e Finsterbank.

De Böm hebbt all er Winterkleed,
Dat's witt, so wit de Ogen seht.
Man blot de Bek int Wischenland
Is as en Spegel an de Wand.

De Armn sünd richti al to Gang:
De nachts ni warm liggt, slöppt ni lang.
De lütten Dinger krupt so krumm
Mit Hannschen an un Döker um . . .

Lüttje levt noch

Kamt de Lüd ut'e Kark,
Gat all öwert Mark,
De Sniders, de hüppert,
De Schosters, de wüppert,
De Vullmacht, de strevt,
De Schriwer geit scheef,

Dar wannert de Kanter,
De Jungs achtern anner,
Wa löppt de Barbeer
Vör krüz un vör quer,
Toletz kumt de Küster,
Dar – slutt he de Dör.

Ton Schluß

Wat is en Jahr?

Wat is en Jahr? – Dat is so vel
As vun din Lebenstid dat Deel:
En Drüttel, Veertel, Föftel is't,
So lank du Moders Kindchen büst;
Dat is en Süßtel, Achtel noch,
Wenn di Persepter kriggt in Toch.
Ein Teintel, Twölftel lett noch vel
Vör Jungensknep un Kinnerspel:
En Wek – wa is se lank! un wit
Bet Jahrmarkt un de Wihnachtstid!
En Winter – gar ni uttometen,
Wa lank en Jahr – noch rein vergeten.

Denn awer kamt de Tiden drad,
Wo't heet: Wa gau de Ferien gat!
Man meen, veer Weken neem keen Enn –
Nu sünd se in en Ruff darhen!
Denn – is de Speltid ganz verstreken,
Denn lopt de Jahren as de Weken,

En Dörtigstel, en Veertigstel
Vunt Leben – ja, wa löppt dat snell!
Denn büst du flitig, büst geschäftig –
Mit eenmal sünd se dar, de Föfdig.
Un wat an Jahren kumt un geit,
Is nu, as wenn dat flegen deit . . .
Denn – och – en Jahr is blot so vel,
As von din Lebenstid dat Deel.

De Wiehnachtsgeschicht

To disse Tiet wörr von den Kaiser Augustus anordent, dat sick jedereen ut sien ganzes Riek in de Stüürlisten inschrieven schull. Dit weer ganz wat Nees to de Tiet, as Kyrenius Syrien ünner sick harr. Un alltohoop güngen se los un leten sick indregen, jedereen dor, wo he herkeem.

So maak sick ok Josef op den Weg von Galiläa ut de Stadt Nazareth na Judäa, na David sien Stadt, de heet Bethlehem, dorüm, dat he von David afstammen dee. He wull sick indregen laten mit Maria, de harr he freet, de schull Modder warrn. Jüst as se dor weern, weer ehr Tiet rüm. Un se bröch ehren eersten Söhn to Welt un wickel em in Winneln un legg em in en Krüff, denn se wüssen sünst narms hen mit em in dat Gasthuus.

Un jüst in de Gegend weern Schäpers op'n Fell'n, de passen nachts op jem ehr Veeh op. Un mit eenmol stünn den Herrn sien Engel för jem, un den Herrgott sien Glanz lüch üm jem rüm, un se verjagen sick bannig. Un de Engel sä to jem: Weest nich bang! Süh, ick bring juch 'n grote Freid, de all de Minschen todacht is: för juch is vondaag de Heiland to Welt kamen. Dat is Christus de Herr in David sien Stadt. Un dor köönt ji't an sehn: ji warrt dat Kind finnen in Winneln wickelt un in 'n Krüff liggen.

Un mit 'nmaal weer bi den Engel dat ganze himmlische Heer. De löven Gott un süngen: Loff un Ehr dor baben för unsen Herrgott un Freden hier nerrn op de Eer för de Minschen, mit de he dat goot meenen deit.

As de Engels sick wedder trüchtrocken harrn in 'n Himmel, do sään de Schäpers een to 'n annern: Wi wüllt doch glieks mal hen na Bethlehem un sehn, wat dor vör sick gahn is, wat de Herr uns hett weten laten. Un se maken sick foorts op 'n Weg, ganz hild harrn se't, un richtig: dor fünnen se Maria un Joseph un dat Kind, dat leeg in de Krüff. Un as se't sehn harrn, vertellen se dat överall, wat jem von dit Kind seggt worrn weer.

Un all de Lüüd, de dat to hören kregen, wunnern sick dor över, wat de Schäpers jem vertellen deen.

Maria aver behöll all disse Wöör in 'n Harten un leet se sick ümmer wedder dörch 'n Sinn gahn. Un de Schäpers güngen wedder trüch un süngen dorbi un geven Gott de Ehr wegen all dat, wat se höört un sehn harrn. Dat weer allens so, as jem dat seggt worrn weer.

Nachweise

Der Abdruck der in diesem Band aufgenommenen Texte erfolgt – soweit die Rechte nicht frei sind – mit freundlicher Genehmigung der im folgenden genannten Verlage und Rechteinhaber. Das Einholen der Abdruckgenehmigungen erfolgte nach bestem Wissen. Nicht in allen Fällen konnte die Urheberfrage eindeutig geklärt werden. Berechtigte Ansprüche, die dem Verlag bekannt werden, werden nach dem Prinzip der Gleichbehandlung abgegolten.

Die Schreibweise der verschiedenen Autoren konnte – schon aus rechtlichen Gründen – nicht vereinheitlicht werden. Eine Abdruckerlaubnis enthält keine Berechtigung zur ortographischen Überarbeitung. So zeigt dieser Band die Vielfalt plattdeutscher Graphie eher wider Willen auf. Nur entstellende oder gar nicht mehr gebräuchliche Schreibweisen in urheberrechtlich freien Texten sind behutsam angeglichen worden.

Textnachweise

Paul Behlau
Pulle sien Wiehnachten
aus: Spill um Annegret. Verlag der Fehrs-Gilde
(Heute Edition der Fehrs-Gilde im Karl-Wachholtz-Verlag, Neumünster).

Johann Beyer
Sunnerklaas
aus: Plattdütsch Jahrbook 1920, rutgeben von den Plattdütschen Vereen Bremen.

Ivo Braak
De hilligen dree König in de Stadt
aus: Ivo Braak vertellt Geschichten von Wiehnachten.
Verlag Michael Jung, Kiel 1990

Hermann Claudius
Wihnachten
mit Genehmigung von Frau Gisela Claudius

Klaus Groth
Dat Dörp in Snee
Wihnachnabend
Riemels
De lütte Deern
De Snee
aus: Sämtliche Werke II und III. Verlag Boyens & Co., Heide 1981
(Nachauflage der Landesausgabe)

Rudolf Kinau
Een van de Hirten
Öbert 't Is
De brune Schimmel
De lütt Dannboom
Nix as dütt!
aus: Mien Wihnachtsbook.
Quickborn-Verlag, Hamburg 1957

Hinrich Kruse
He kunn de Tiet nich aftöven
Tuskulum
mit Genehmigung des Verfassers

Lukas/Dieter Baden
De Wiehnachtsgeschicht
aus: Plattdüütsch Lektionar, im Auftrag der Arbeitsgemeinschaft plattdeutscher Pastoren in Niedersachsen, hrsg. von Heinrich Kröger, Missionshandlung Hermannsburg o. J. (1981)

Elisabeth Meyer-Runge
Wenn dat Johr to Enn geiht . . .
Schöne Festdaag
Mien Kinner
aus: In diesem Land. In't Land Schleswig-Holstein.
Hoch- und plattdeutsche Geschichte.
Verlag Boyens & Co., Heide 1980

Gudrun Münster
Peperkookenfroo un Peperkookenmann
mit Genehmigung der Verfasserin

Luise Ortlieb
Wi schenkt uns nix!
mit Genehmigung der Verfasserin

Fritz Specht
De Dannenboom
mit Genehmigung von Peter O. H. Specht

J. Tauler/A. Lunow
Dor kummt een Schipp
aus: Dor kummt een Schipp. Plattdüütsch Gesangbook, hrsg. von der Arbeitsgemeinschaft Plattdüütsch in de Kark Niedersachsen/ Bremen. Missionshandlung Hermannsburg, 2., durchgesehene und mit einem Anhang versehene Auflage 1992

Otto Tenne
Wiehnachten
mit Genehmigung von Arno Tenne